Ulf Udo Vogl

Frei von Ballast

Wie Minimalismus das Leben verändern kann

Über den Autor:

Ulf Udo Vogl ist im Süden Deutschlands geboren und lebt dort. Er hat Sozialwissenschaften studiert und ist bereits älter. Eine schwere Krankheit hat sein Leben aus der Bahn geworfen. Seither beschäftigt er sich mit spirituellen Themen und der Reduktion des Alltags auf das Wesentliche.

Von Ulf Udo Vogl erschienen im selben Verlag:

33 x Buddha, ISBN 978-3-7578-1190-7

Mallorca an einem Wochenende, ISBN 978-3-7572-0572-2

Kontakt zum Autor: 33xbuddha@gmx-topmail.de

Ulf Udo Vogl

FREI VON BALLAST

WIE MINIMALISMUS DAS LEBEN VERÄNDERN KANN

Bibliografische Information der Deutschen Nationalbibliothek:
Die Deutsche Nationalbibliothek verzeichnet diese Publikation
in der Deutschen Nationalbibliografie; detaillierte
bibliografische Daten sind im Internet über http://dnb.dnb.de
abrufbar.

Umschlaggestaltung: Template von bod.de.

Herstellung und Verlag: BoD – Books on Demand,
Norderstedt

ISBN: 978-3-7583-0204-6

Inhaltsverzeichnis

Für Deine Notizen:

Kapitel 1: Einführung

Was ist Minimalismus?

Minimalismus ist eine Lebensphilosophie und ein bewusster Lebensstil, der darauf abzielt, das eigene Leben von überflüssigem Ballast zu befreien und sich auf das Wesentliche zu konzentrieren. Es geht darum, die Bedeutung von materiellen Besitztümern, Konsum und äußerem Erfolg zu hinterfragen und sich auf das zu fokussieren, was wirklich wichtig ist.

Minimalismus bedeutet nicht, dass man auf alles verzichtet oder in Askese lebt, sondern vielmehr, dass man bewusst auswählt, was einen umgibt und worauf man seine Zeit, Energie und Ressourcen verwendet. Es geht um das Schaffen von mehr Klarheit, Freiheit und Zufriedenheit, indem man sich von unnötigem Ballast befreit und Platz für das Wesentliche schafft.

Minimalismus kann sowohl auf physische Gegenstände wie Besitztümer und materielle Dinge angewendet werden, als auch auf immaterielle Bereiche wie Beziehungen, Zeitmanagement und den eigenen Lebensstil. Er bietet eine Möglichkeit, bewusster, nachhaltiger und erfüllter zu leben.

Geschichte des Minimalismus

Die Geschichte des Minimalismus reicht viele Jahrhunderte zurück. Die Ursprünge lassen sich in verschiedenen Bereichen wie Kunst, Architektur, Design und Philosophie finden.

Es gibt einige Anknüpfungspunkte zwischen dem Konzept des Minimalismus und der antiken Philosophie. Insbesondere die philosophischen Traditionen des Stoizismus und des Epikureismus beinhalten Standpunkte, die mit minimalistischen Prinzipien in Verbindung gebracht werden können.

Im Stoizismus, einer Philosophie, die auf der Haltung der inneren Gelassenheit und Tugend beruht, wird Wert auf den Verzicht auf übermäßigen Luxus und materiellen Besitz gelegt. Stoiker betrachteten äußeren Reichtum und Besitztümer als belanglos und argumentierten stattdessen für die Entwicklung von Tugenden wie Weisheit und Tapferkeit.

Der Epikureismus, eine andere philosophische Strömung der Antike, betont die Bedeutung des inneren Wohlbefindens und der Lust, nicht im Sinne von hedonistischem Genuss, sondern eher als Freiheit von Leid und einem Maß an Genügsamkeit. Dies beinhaltet die bewusste Reduktion von materiellen Bedürfnissen, dafür das Streben nach innerer Zufriedenheit.

Sowohl der Stoizismus als auch der Epikureismus legten Wert auf die Fokussierung auf das Wesentliche, das Loslassen von unnötigem Verlangen und die Entwicklung einer inneren Ruhe und Zufriedenheit.

In der Kunst begann der Minimalismus als Reaktion auf den Expressionismus und den Abstrakten Expressionismus in den 1950er Jahren. Künstler wie Donald Judd, Frank Stella und Dan Flavin schufen reduzierte, geometrische Werke, die sich auf klare Linien, Formen und Farben konzentrierten. Diese Kunstwerke waren frei von überflüssigen Details und ermutigten den Betrachter, die Essenz des Werkes zu erfassen.

Auch in der Architektur spielte Minimalismus eine bedeutende Rolle. In den 1960er Jahren entwickelte sich die sogenannte "Minimalistische Architektur", die auf einfachen Formen, klaren Linien und der Verwendung von industriellen Materialien wie Stahl und Glas basierte. Architekten wie Ludwig Mies van der Rohe und Richard Meier prägten diese Strömung.

Minimalismus fand auch in anderen Bereichen des Designs und des alltäglichen Lebens Anwendung. In den 1990er-Jahren wurde der minimalistische Stil in der Mode populär, gekennzeichnet durch schlichte Silhouetten, neutrale Farben und hochwertige Materialien. Auch in der Inneneinrichtung erfreute sich der Minimalismus großer Beliebtheit, mit seinem Fokus auf sauberen Linien, zurückhaltenden Farben und wenig Dekoration.

Im Laufe der Zeit hat sich der Minimalismus zu mehr als nur einem ästhetischen Konzept entwickelt. Er wurde zu einer Lebensphilosophie, die sich auf das Wesentliche konzentriert, den Konsum reduziert und die Achtsamkeit fördert. Minimalismus wird heute oft mit Nachhaltigkeit, bewusstem Konsum und Entschleunigung in Verbindung gebracht.

Es ist wichtig zu beachten, dass der Minimalismus unterschiedlich interpretiert und gelebt wird. Jeder Mensch kann seine eigene Definition des Minimalismus finden und diesen Lebensstil entsprechend seinen individuellen Bedürfnissen und Werten gestalten.

Ein Leben frei von Ballast

Es beginnt meist mit einem kleineren Projekt: Ein Schrank wird ausgemistet, der Kleiderschrank entrümpelt oder alte Unterlagen aussortiert. Doch was als kleine Aufräumaktion startet, kann schnell zu einer grundsätzlichen Veränderung des Lebensstils führen. Der Trend des Minimalismus findet immer mehr Anhänger und wird zu einem echten Lebensstil.

Doch warum entscheiden sich immer mehr Menschen bewusst für ein reduziertes Leben?

Die Gründe sind vielfältig: Wer minimalistisch lebt, hat weniger Stress. Denn wer sich von überflüssigen Dingen befreit, muss sich auch nicht ständig um sie kümmern. Zudem gibt es bei einer minimalistischen Lebensweise weniger zu pflegen oder zu reparieren - und somit auch weniger zusätzliche Kosten.

Minimalismus wird jedoch nicht nur aus finanziellen oder praktischen Gründen praktiziert; viele sehen darin auch eine Art Befreiung von Konsumzwang und materieller Abhängigkeit. Der moderne Mensch konsumiert permanent - sei es die neueste Technik, Kleidungstrends oder Luxusartikel - der Minimalist hingegen baut auf Nachhaltigkeit und Qualität statt Quantität.

Wir leben (noch) in einer Welt, in der ständig neue Produkte angepriesen werden - sei es durch Werbung oder Influencer. Unsere Wohnungen platzen aus allen Nähten, Kreditkarten werden überzogen und wir fühlen uns immer noch nicht vollständig zufrieden. Viele möchten sich von dem Überfluss unserer Zeit endlich abgrenzen.

Indem wir uns von diesem Konsumverhalten distanzieren und in Richtung Minimalismus gehen, schaffen wir Raum für Neues. Auch Gedanken wie Entschleunigung, Nachhaltigkeit und Freiheit spielen eine große Rolle bei dieser Entscheidung. Wir wollen bewusster leben - nicht nur im Hinblick auf unsere Ressourcen, sondern auch unseren eigenen mentalen Zustand.

Erstaunlicherweise wurde der Minimalismus auch im Bereich des Wohnens bekannter. Das sogenannte „Tiny House" bietet eine völlig neue Form des Zusammenlebens in kleinen Räumen. Eine reduzierte Wohnform zwingt einen dazu, noch bewusster seine Bedürfnisse wahrzunehmen und das Gespür dafür, welche Dinge wirklich wichtig sind, zu schärfen.

In vielen Köpfer herrscht noch die Vorstellung, dass Minimalismus gleichbedeutend mit Verzicht sei. Doch das Gegenteil ist der Fall: Wer sich auf das Wesentliche im Leben fokussiert, kann sein Leben bewusster genießen und findet wieder mehr Zeit für Freunde, Familie und Hobbys.

Minimalismus mag nicht für jeden geeignet oder gar ein einfacher Weg sein - aber er bietet eine Alternative zur ständigen Reizüberflutung durch Konsum und die Chance, glücklicher zu werden. Es gibt zahlreiche Gründe, sich vom Ballast zu befreien und seinem eigenen Leben eine neue Richtung zu geben - nach dem Motto: Weniger ist mehr.

Kapitel 2: Minimalistisches Leben

Minimalistische Wohnräume

Es war ein sonniger Tag, als Marie beschloss, ihr Leben zu entmüllen. Sie schaute sich um und sah einen Raum voller Gegenstände, die sie jahrelang angesammelt hatte. Silberne Kerzenständer und Vasen in allen Größen bedeckten ihre Tische, und ihre Regale quollen über vor Büchern und allerlei Schnickschnack.

Marie fing langsam an, ihre Sachen gründlich auszumisten und sich nur auf Dinge zu konzentrieren, die ihr Freude bereiteten oder von praktischem Wert waren. Sie entschied sich so wenig wie möglich zu besitzen - das war der Anfang ihres neuen minimalistischen Lebensstils.

Als sie nun ihr Zuhause betrachtete, bemerkte sie sofort den Unterschied: Die Einrichtung wirkte luftiger; es gab mehr Platz zum Atmen und das Zimmer fühlte sich leichter an. Allerdings wollte Marie auch nicht in einer leeren Halle leben. Das Konzept des Minimalismus bedeutet nicht den Verlust aller persönlichen Gegenstände, sondern das Behalten ausgewählter Lieblingselemente.

Minimalistisches Wohnen hat klare Intentionen: Es geht darum ein einfaches Leben zu führen ohne unnötigen materiellen Ballast. Paradoxerweise geht es auch um mehr Qualität in den täglichen Aktivitäten - durch gezieltes Auswählen der wenigen Objekte steigert man deren Bedeutung im Alltag.

Ein weiterer, positiver Effekt der Reduzierung ist beim Säubern oder Dekorieren innerhalb der Wohnung zu sehen - im Ergebnis werden Zeit und Energie gespart.

Minimalistisches Wohnen setzt sich aus verschiedenen Methoden zusammen. Die wichtigste ist das Aussortieren von Dingen, die man nicht mehr benötigt oder nutzt. Generell gilt hierbei: Ein Gegenstand, der seit längerer Zeit nicht angefasst wurde, ist vermutlich überflüssig. In diesem Sinne wird die Konzentration auf bedeutungsvolle Lieblingsstücke hergestellt.

Um den minimalistischen Look zu bewahren, setzen Marie und andere Minimalisten auf einfache Möbelstücke wie Hocker oder Regale ohne unnötige Details und Verzierungen. Schlichtes Design sowie eine dominierende Farbe in der Raumausstattung erzeugen beim Betrachter einen harmonischen Anblick.

Nachdem Marie sich mit der Thematik des minimalistischen Wohnens auseinandergesetzt hatte, konnte sie praktisch sofort anfangen, das Konzept umzusetzen. Das erste Ziel war für Sie, ihr Schlafzimmer endlich zurückhaltender zu gestalten. Es endete damit, dass sie alles aus dem Kleiderschrank herausnahm, was Sie nie trug. Es dauerte gar nicht lange, bis Marie erkannte, dass Ihr altes Zuhause fast unerträglich geworden war - so viele unnütze Sachen ...

Marie lernte unter anderem, dass es wichtig ist, sich bewusster zu kleiden. Sie achtete nun gezielter darauf, bei ihren Shoppingtouren keine Fehlkäufe mehr zu tätigen.

Da alleine in Europa jeden Tag 400 Tonnen Textilien auf Mülldeponien landen, wird einem als Leser dieser Geschichte klar, dass ein minimalistischer Lebensstil nicht nur zur eigenen Entschleunigung beitragen kann, sondern auch ein aktiver Beitrag gegen die allgegenwärtige Wegwerfmentalität ist.

Minimalistisches Wohnen mag für viele Menschen erst einmal befremdlich klingen, aber es ist definitiv etwas, das man ausprobieren sollte. Die Vorteile des Minimalismus sind offensichtlich und tragen dazu bei, dass das Leben einfacher und glücklicher wird. Man kann sich auf Dinge konzentrieren, die wirklich von Wert sind und ... einfach atmen.

Hier ist eine kleine Checkliste, die dir beim Umsetzen eines minimalistischen Wohnstils behilflich sein kann:

- ✓ **Aussortieren**: Nimm dir Zeit, um deine Besitztümer kritisch zu überprüfen und nur das zu behalten, was du wirklich benötigst oder was dir Freude bereitet. Spende oder verkaufe Dinge, die du nicht mehr verwendest.
- ✓ **Reduzieren**: Begrenze die Anzahl der Gegenstände in deinem Zuhause. Vermeide übermäßige Dekoration oder Dinge, die nur Staubfänger sind. Halte Möbel und Accessoires einfach und funktional.
- ✓ **Ordnung schaffen**: Schaffe klare, aufgeräumte Räume. Verwende praktische Stauraumlösungen, um Unordnung zu vermeiden und allem einen festen Platz zu geben.
- ✓ **Qualitätsbewusstsein**: Setze auf hochwertige, langlebige Gegenstände anstatt auf billige Massenware. Konzentriere dich auf Qualität statt Quantität.
- ✓ **Farbpalette begrenzen**: Wähle eine reduzierte Farbpalette für deine Einrichtung, um ein harmonisches und minimalistisches Erscheinungsbild zu erzielen. Vermeide grelle Farben oder Muster.

- ✓ **Funktion vor Ästhetik:** Betrachte die Funktionalität von Gegenständen als wichtiger wie ihr Aussehen. Entscheide dich für Möbel und Accessoires, die einen praktischen Zweck erfüllen.
- ✓ **Leerer Raum**: Lass bewusst freie Flächen und leere Räume in deinem Zuhause. Dadurch wird eine Atmosphäre der Ruhe und Klarheit geschaffen.
- ✓ **Klare Linien und Formen**: Setze auf klare Linien und einfache Formen bei der Auswahl von Möbeln und Einrichtungsgegenständen. Vermeide überflüssige Verzierungen oder unnötige Details.
- ✓ **Natürliche Materialien:** Verwende natürliche Materialien wie Holz, Stein oder Leinen, um eine warme und zeitlose Atmosphäre in deinem Zuhause zu schaffen.
- ✓ **Bewusster Konsum**: Kaufe nur das, was du wirklich brauchst, und meide impulsive Käufe. Achte auf nachhaltige und ethisch hergestellte Produkte.
- ✓ **Achtsamkeit pflegen**: Sei achtsam in deinem Umgang mit deinen Besitztümern und schätze das, was du hast. Vermeide übermäßiges Sammeln von Dingen und werde dir bewusst, was wirklich wichtig ist.

Diese Checkliste ist ein Ausgangspunkt, um minimalistisches Wohnen umzusetzen. Passe sie nach deinen individuellen Vorlieben und Bedürfnissen an und finde deinen eigenen minimalistischen Stil.

Ein neuer Trend erobert langsam aber sicher die Wohnwelt: Tiny Houses. Hierbei handelt es sich um kleine Häuser, die auf eine Grundfläche von (in der Regel) maximal 25 Quadratmetern reduziert sind und dennoch alles bieten, was man zum Leben braucht. Minimalismus wird hier großgeschrieben.

Es ist ein Konzept, welches immer mehr Zuspruch findet, denn die Vorteile eines solchen Tiny Houses liegen auf der Hand: Es benötigt wenig Platz und Raum und verursacht somit auch nur geringe laufende Kosten. Außerdem kann das Haus jederzeit mitgenommen werden. Das schont nicht nur die Umwelt, sondern spart auch teure Mietkosten.

Die rechtlichen Bedingungen für das Bauvorhaben müssen jedoch im Vorfeld geklärt werden. Denn in Deutschland gibt es viele Bestimmungen und Gesetze, an welche man sich halten muss - insbesondere dann, wenn es um eine dauerhafte Wohnmöglichkeit geht.

Hier kommt ins Spiel: Der Bebauungsplan. Jeder Ort hat seinen eigenen Plan und seine eigenen Regeln. Deshalb sollte vorab geprüft werden, ob ein Tiny House aufzustellen überhaupt erlaubt oder ob sogar eine Baugenehmigung notwendig ist. Wenn alle rechtlichen Anforderungen erfüllt sind steht dem Bau des Traumhauses nichts mehr im Weg.

Hier sind einige allgemeine Faktoren, die berücksichtigt werden sollten:

> **Baugenehmigung**: In den meisten Ländern und Regionen ist eine Baugenehmigung erforderlich, um ein Tiny House legal aufzustellen. Es ist wich-

tig, die örtlichen Bauvorschriften und -regulierungen zu prüfen und die entsprechenden Genehmigungen einzuholen.

- ➢ **Standort**: Ein geeigneter Standort für das Tiny House muss gefunden werden. Dies kann ein eigenes Grundstück, ein Campingplatz oder auch ein gemeinschaftliches Wohnprojekt sein. Es ist wichtig, die Einhaltung der örtlichen Vorschriften hinsichtlich der Nutzung zu überprüfen.

- ➢ **Infrastruktur**: Stelle sicher, dass die notwendige Infrastruktur wie Strom, Wasseranschluss und Abwassersystem verfügbar ist oder entsprechende Lösungen gefunden werden können. Bei Off-Grid-Optionen wie Solarenergie oder Regenwassernutzung müssen alternative Versorgungsmöglichkeiten geplant werden.

- ➢ **Fundament**: Je nach Standort und Bauvorschriften kann ein festes Fundament erforderlich sein. Dies kann ein Betonfundament, Schraubpfähle, mobile Trailer-Systeme oder andere geeignete Methoden umfassen.

- ➢ **Bauvorschriften**: Das Tiny House muss den örtlichen Bauvorschriften und Sicherheitsstandards entsprechen, zum Beispiel in Bezug auf Gebäudehöhe, Brandschutz, Fenstergröße und so weiter.

- ➢ **Transport**: Wenn das Tiny House auf Rädern steht, was grundsätzlich auch möglich ist, ist es wichtig, die Transportvorschriften und -beschrän-

kungen zu beachten. Dies kann Gewichtsbeschrän-
kungen, Begleitfahrzeuge oder spezielle Genehmigungen für den Transport erfordern.

Es ist ratsam, vor dem Bau oder Kauf eines Tiny Houses die spezifischen lokalen Vorschriften und Genehmigungsverfahren zu recherchieren und bei den Behörden nachzufragen, um sicherzustellen, dass alle erforderlichen Voraussetzungen erfüllt sind.

Die Kosten für ein Tiny House können sehr unterschiedlich sein und variieren je nach Größe, Ausstattung, Materialien und Standort. In der Regel liegen die Anschaffungskosten für ein basisches, schlüsselfertiges Tiny House zwischen 30.000 und 100.000 Euro. Größere und hochwertigere Modelle können auch über 100.000 Euro kosten.

Was die verwendeten Materialien betrifft, werden bei Tiny Houses häufig nachhaltige und umweltfreundliche Optionen bevorzugt. Es können verschiedene Materialien zum Einsatz kommen, je nach den individuellen Vorlieben des Eigentümers und den verfügbaren Ressourcen. Vor allem aber werden Holz, eine Stahlkonstruktion für den Rahmen oder die tragenden Strukturelemente sowie ein Betonfundament für die Stabilität verwendet.

Für alle Freunde von Minimalismus und Nachhaltigkeit ist ein Tiny House - trotz aller Schwierigkeiten in Deutschland - genau die richtige Wahl. Eine Möglichkeit zu wohnen ohne dabei viel Raum einzunehmen oder gar Unsummen an Geld ausgeben zu müssen - einfach perfekt für all jene Menschen, denen weniger eben doch mehr bedeutet.

Minimalistische Kleidung

In den letzten Jahren hat sich der Trend zum Minimalismus immer weiter verbreitet. Immer mehr Menschen wollen nicht nur im Alltag, sondern auch in Sachen Kleidung auf das Wesentliche reduzieren. Doch was versteht man eigentlich unter minimalistischer Kleidung?

Minimalistische Kleidung bedeutet in erster Linie, dass man auf unnötige Details und Verzierungen verzichtet und sich auf die Basis konzentriert. Hierzu zählen vor allem gedeckte Farben wie Grau, Beige oder Schwarz sowie schlichte Schnitte ohne Schnörkel. Der Fokus liegt dabei auf Qualität statt Quantität - es geht um zeitlose Stücke von guter Qualität anstatt einem ständigen Wechsel von Trends.

Ein Beispiel dafür sind beispielsweise die einfachen weißen und schwarzen T-Shirts von guter Qualität. Sie sind aus hochwertiger Baumwolle gefertigt, haben keine unnötigen Aufdrucke oder Logos und eignen sich hervorragend als Basic-Teile für jeden Kleiderschrank.

Auch Jeans können mit einem minimalistischen Ansatz getragen werden - hierbei sollte man ebenfalls auf wenig Details setzen und eine schwarze oder dunkelblau gefärbte Slim-Fit-Jeans wählen.

Für Frauen gibt es zahlreiche Möglichkeiten, sich minimalistisch zu kleiden. Ein einfaches mittellanges, schwarzes Kleid ohne besondere Details ist ein Klassiker des zeitlosen Minimalismus. Auch Röcke oder Hosenanzüge in schlichten Farben passen perfekt ins Konzept.

Es muss allerdings beachtet werden, dass Minimalismus nicht gleichbedeutend mit einer Uniform ist - jede Person kann diese Grundprinzipien nach ihren eigenen Wünschen gestalten und Akzente setzen. Ein minimalistischer Kleidungsstil kann durchaus Vielfalt und Individualität bieten.

Hier ist eine Checkliste, die dir beim Umsetzen eines minimalistischen Kleidungsstils helfen kann:

- ✓ **Zeitloser Grundkleiderschrank**: Starte mit einer Auswahl an zeitlosen Basics, die sich leicht kombinieren lassen und für verschiedene Anlässe geeignet sind. Dazu gehören beispielsweise ein weißes Hemd, ein hochwertiges weißes T-Shirt, eine gut sitzende Jeans, ein schwarzes Kleid und ein einfacher Pullover.
- ✓ **Qualitätsbewusstsein**: Investiere in hochwertige Kleidungsstücke, die langlebig sind und eine gute Passform haben. Wähle lieber wenige Teile von hoher Qualität als viele billige Kleidungsstücke, die schnell verschleißen.
- ✓ **Begrenzte Farbpalette**: Entscheide dich für eine begrenzte Farbpalette, die gut zusammenpasst und leicht zu kombinieren ist. Dadurch wird das Zusammenstellen von Outfits einfacher und du kannst mehr Variationen mit weniger Kleidungsstücken erreichen.
- ✓ **Schlichte Schnitte**: Wähle Kleidungsstücke mit schlichten, zeitlosen Schnitten. Vermeide überflüssige Verzierungen, auffällige Muster oder zu aufwendige Details.
- ✓ **Vielseitigkeit**: Achte darauf, dass deine Kleidung vielseitig einsetzbar ist und sich für verschiedene

Anlässe und Jahreszeiten eignet. So kannst du mit weniger Teilen mehr Outfits kreieren.

✓ **Minimalistisches Outfit**: Halte dich bei der Zusammenstellung deiner Outfits an das Prinzip "weniger ist mehr". Vermeide übermäßige Lagen oder Accessoires und setze stattdessen auf klare Linien und eine schlichte Ästhetik.

✓ **Passform**: Achte darauf, dass deine Kleidung gut sitzt und deine Figur vorteilhaft betont. Vermeide zu enge oder zu weite Kleidungsstücke, da sie unvorteilhaft aussehen können.

✓ **Nachhaltigkeit**: Berücksichtige bei deiner Kleiderwahl auch ökologische und soziale Aspekte. Informiere dich über nachhaltige Modelabels und bevorzuge Fair-Trade-Produkte.

✓ **Konsumbewusstsein**: Kaufe nur neue Kleidung, wenn du sie wirklich brauchst. Vermeide impulsive Käufe und überlege gut, ob ein Kleidungsstück zu deinem bestehenden Stil und deinen Bedürfnissen passt.

✓ **Pflege und Instandhaltung**: Sorge für deine Kleidung, indem du sie richtig wäschst und pflegst. Durch eine gute Instandhaltung hält sie länger und du musst seltener neue Teile kaufen.

Diese Checkliste kann dir helfen, einen minimalistischen Kleidungsstil umzusetzen. Passe sie deinem individuellen Geschmack und deinen Bedürfnissen an und finde deinen eigenen minimalistischen Stil.

Minimalistische Ernährung

In einer Welt, in der wir von einem Überangebot an Nahrungsmitteln umgeben sind, scheint es paradox, dass minimalistische Ernährung immer beliebter wird. Doch was verbirgt sich hinter dem Begriff und welchen Zweck verfolgt diese Art zu essen?

Minimalistische Ernährung geht davon aus, dass weniger oft mehr ist. Das bedeutet konkret: Weniger Lebensmittel, dafür aber von höherer Qualität und ohne übermäßige Verarbeitung oder künstliche Zusätze. Ein weiteres Ziel ist es, auf den tatsächlichen Hunger des Körpers zu achten und ihm nicht durch ständiges Snacken oder emotional bedingtem Essen permanent neue Kalorien zuzuführen.

Doch wie sieht das nun in der Praxis aus? Zunächst einmal heißt es: Bewusst einkaufen. Auf dem Speiseplan stehen vor allem frisches Gemüse und Obst sowie Vollkornprodukte, gesunde Fette und Proteine aus pflanzlichen oder tierischen Quellen. Hülsenfrüchte eignen sich ebenfalls gut als Proteinquelle und liefern Ballaststoffe für eine gesunde Verdauung.

Minimalistisch heißt jedoch nicht automatisch verzichtend - auch das Genießen hat hier seinen Platz. Statt Süßigkeiten oder Fastfood kommt bei minimalistischer Ernährung bewusst zubereitetes Essen auf den Teller - zum Beispiel eine selbstgemachte Suppe mit saisonalem Gemüse oder ein knackiger Salat mit Hühnerbrust.

Die Vorteile dieser Art der Ernährungsweise liegen auf der Hand: Durch die Reduktion von unnötigen Kalorien kann das Gewicht reduziert werden und der Körper wird optimal mit Nährstoffen versorgt. Auch das Bewusstsein für den eigenen

Hunger und Sättigungszustand wird geschärft - ein wichtiger Schritt für eine gesunde Beziehung zum Essen.

Minimalistische Ernährung ist somit weit mehr als nur ein kurzzeitiger Trend. Sie bietet die Möglichkeit, bewusster und nachhaltiger zu konsumieren und gleichzeitig etwas Gutes für die eigene Gesundheit zu tun.

Ein Beispiel für minimalistische Ernährung ist die sogenannte „Paleo-Diät". Es gibt Menschen, die entschieden haben, sich nach den Prinzipien dieser Ernährungsform zu ernähren. Doch was genau bedeutet dieser Trend? Die Grundzüge der Paleo-Ernährung sollen an dieser Stelle kurz erklärt und anschaulich dargestellt werden.

Die Paleo-Ernährung orientiert sich an der Kost unserer Vorfahren aus der Steinzeit. Das bedeutet vor allem eine Ernährung mit viel Fleisch, Fisch, Eiern und Gemüse. Auch Obst, Beeren und Nüsse dürfen auf dem Speiseplan stehen, allerdings in Maßen. Getreideprodukte, Milcherzeugnisse und Zucker (in hoch verarbeiteten Produkten, Fertiggerichten!) werden hingegen vermieden. Grund hierfür ist die Annahme, dass der menschliche Organismus nicht dazu ausgelegt sei, diese Nahrungsmittel optimal zu verdauen.

Im Vergleich zur westlichen Standardkost enthält die Paleo-Diät deutlich höhere Mengen an Omega-3-Fettsäuren sowie mehr Vitamine und Mineralstoffe. Zudem wird der Blutzuckerspiegel besser reguliert, was wiederum zu weniger Hungergefühlen führt und sich positiv auf das Gewicht auswirken kann. Insgesamt isst man so viel weniger.

Allerdings muss bei einer Paleo-Ernährung darauf geachtet werden, genug Ballaststoffe durch den Verzehr von Gemüse und Früchten aufzunehmen.

Insgesamt lässt sich sagen, dass die Paleo-Ernährung eine gute Alternative für Menschen darstellt, die Wert auf eine gesunde Ernährung legen und bereit sind, ihre Essgewohnheiten umzustellen.

Allerdings sollte man auch beachten, dass es kein Patentrezept gibt - jeder Mensch hat individuelle Bedürfnisse. Für viele kann die Paleo-Ernährung einigermaßen leicht in den Alltag integriert werden und zur Steigerung des Wohlbefindens beitragen.

Minimalistische Finanzen

Beim Minimalismus geht es darum, sich auf die wirklich wichtigen Dinge im Leben zu konzentrieren und dabei bewusst darauf zu achten, nichts Überflüssiges anzuhäufen. Natürlich spielt auch das Thema Finanzen eine große Rolle.

Wer minimalistisch lebt, gibt sein Geld nur für das aus, was wirklich benötigt wird. So können unnötige Ausgaben vermieden werden und man hat mehr finanzielle Freiheit. Ein Beispiel dafür wäre der Verzicht auf teure Designerkleidung oder neues Elektronikzubehör. Stattdessen kann man auch gezielt in hochwertige Produkte investieren und somit längerfristig Geld sparen.

Auch beim Wohnen gilt: Aufgeräumt und einfach eingerichtet fühlt man sich oft viel wohler als in einem vollgestellten Zimmer. Dabei muss man nicht zwangsläufig komplett auf Möbel verzichten - weniger ist auch hier oft mehr. Eine Ersparnis bei Möbeln lässt sich ebenso finanztechnisch nutzen.

Selbst bei der Ernährung kann man minimalistische Ansätze anwenden: Sich nur von saisonalem Obst und Gemüse ernähren oder gar selbst anbauen spart nicht nur Geld, sondern schützt auch die Umwelt durch weniger lange Transportwege.

Insgesamt geht es beim Minimalismus um bewusste Entscheidungen über das eigene Leben und die eigene Konsum- bzw. Sparstrategie. Wer bereit ist, Dinge zu hinterfragen und seinen Besitz konsequent auszusortieren, schafft sich mehr Freiheit - auch finanziell. So kann man ohne Wohlstandsverlust dennoch ein erfülltes Leben führen.

Menschen, die diese Lebensweise befolgen, sind oft glücklicher, zufriedener und haben eine positive Einstellung zum Thema Finanzen. Denn sie wissen genau, wofür sie ihr hart verdientes Geld ausgeben möchten - und für welche Dinge eben nicht.

Hier ist eine Checkliste für minimalistische Finanzen:

- ✓ **Budget erstellen**: Setze dir ein monatliches Budget, das deine Einnahmen und Ausgaben klar festlegt. Halte deine Ausgaben im Auge und finde heraus, wo du Einsparungen vornehmen kannst.
- ✓ **Schulden abbauen**: Priorisiere die Tilgung von Schulden, wie z.B. Kreditkartenschulden oder Studienkredite. Lebe nach dem Motto "Cash is King" und vermeide unbedingt eine hohe Verschuldung. Am besten ist es, erst gar nicht in eine Verschuldung zu kommen.

- ✓ **Notfallfonds aufbauen**: Baue einen Notfallfonds auf, der dir finanzielle Sicherheit bietet. Lege regelmäßig Geld beiseite, um unvorhergesehene Ausgaben abzudecken und dich vor finanziellen Engpässen zu schützen.

- ✓ **Automatisierte Sparpläne**: Automatisiere deine Sparpläne, indem du automatische Überweisungen auf ein separates Sparkonto einrichtest. So sparst du regelmäßig und effektiv, ohne darüber nachdenken zu müssen.

- ✓ **Konsumverhalten überdenken**: Überlege bewusst, bevor du einen Kauf tätigst. Frage dich, ob du den Gegenstand wirklich brauchst und ob er deinen langfristigen Zielen entspricht. Vermeide impulsive Käufe und lebe nach dem Motto "weniger ist mehr".

- ✓ **Investitionen vereinfachen**: Halte deine Investmentstrategie einfach und konzentriere dich auf langfristige Investitionen. Wähle kostengünstige Indexfonds oder ETFs, die breit gestreut sind und langfristig eher solide Renditen erzielen.

- ✓ **Reduziere finanzielle Verpflichtungen**: Überdenke deine finanziellen Verpflichtungen, wie z.B. Abonnements oder Mitgliedschaften. Frage dich, ob du sie wirklich brauchst und ob sie zu deinem minimalistischen Lebensstil passen.

- ✓ **Versicherungen prüfen**: Überprüfe deine Versicherungen und frage dich, ob du sie wirklich benötigst und ob sie angemessen sind. Passe sie gegebenenfalls an deine Bedürfnisse an, um unnötige Ausgaben zu vermeiden.

✓ **Minimalistische Ziele setzen**: Setze dir klare finanzielle Ziele, die zu deinem minimalistischen Lebensstil passen. Das können langfristige Ziele wie der Kauf eines Tiny Houses oder der Aufbau eines passiven Einkommens sein.

✓ **Bewusster Umgang mit Geld**: Sei dir bewusst, wie du dein Geld ausgibst und schätze die finanzielle Freiheit, die dir ein minimalistischer Lebensstil bieten kann. Führe regelmäßig eine finanzielle Überprüfung durch und finde heraus, welche Ausgaben du optimieren kannst.

Diese Checkliste soll dir helfen, minimalistische Finanzen umzusetzen. Jeder hat jedoch unterschiedliche finanzielle Bedürfnisse und Ziele, daher ist es wichtig, die Checkliste an deine individuelle Situation anzupassen.

Ich selbst denke, die wichtigsten Punkte sind das Vermeiden von Konsumschulden und das Reduzieren finanzieller Verpflichtungen. Größeren Schulden sollte man aus dem Weg gehen, weil man hier sonst unter den Zugzwang kommt, „anschaffen zu gehen". Denn wer keine Schulden hat, hat weniger Verpflichtungen und Stress - es kommt keine unerbittliche, hohe Ratentilgung auf einen zu. Ein Teilzeit-Job reicht dann womöglich zum Leben aus. Logischerweise muss man auf der anderen Seite den sozialen Druck aushalten können, in den Augen Dritter zum Beispiel finanziell benachteiligt zu sein. Man muss auch lernen, sich nicht permanent mit seinen Mitmenschen zu vergleichen. Das schafft nur Unzufriedenheit.

Ich habe im Laufe der Zeit alle Abonnements gekündigt, wie jenes fürs Fitnessstudio oder auch solche für Entertainment wie TV und Spiele. Der Vorteil: Es kommt in diesem Zusammenhang so gut wie nie Post deswegen - ein Punkt weniger, der stresst. Wer braucht schon 1.500 TV-Sender? Und fit halten kann man sich mit Radeln und Schwimmen genauso gut. Ich besitze nur noch einen Handyvertrag und einen fürs Internet, über das ich freie Mediatheken nutze.

Minimalistische Arbeit und Karriere

Ein Leben ohne Stress und Überforderung? Ein Traum, den sich viele Arbeitnehmerinnen und Arbeitnehmer wünschen. Doch wie kann das gelingen? Die Antwort liegt in minimalistischer Arbeit.

Minimalistische Arbeit bedeutet, dass man sich auch hier auf das Wesentliche konzentriert. Statt möglichst viel zu leisten und ständig erreichbar zu sein, geht es darum, Prioritäten zu setzen und den Fokus auf die wirklich wichtigen Aufgaben zu legen. Das Ergebnis: Mehr Zeit für die Familie, Hobbys oder einfach nur zum Entspannen.

Doch wie sieht eine minimalistische Karriere aus? Zunächst einmal bedeutet sie nicht zwangsläufig Stillstand oder gar Rückschritt - im Gegenteil. Wer klare Ziele hat und sich gezielt auf seine Kompetenzen fokussiert, kann auch mit einer minimalistischen Einstellung erfolgreich sein. Dabei ist es wichtig, selbstbewusst aufzutreten und seine Stärken deutlich zu kommunizieren.

Natürlich gibt es auch Herausforderungen - etwa wenn der Chef doch mal wieder kurzfristig ein Projekt ansetzt oder Kolleginnen und Kollegen außerhalb der Arbeitszeiten Kontakt suchen. Hier muss jeder für sich entscheiden, welche Grenzen sie oder er zieht. Wichtig ist jedoch, dass man diese Grenzen auch kommuniziert und darauf beharrt.

Aber nicht nur für Angestellte ist eine minimalistische Arbeitsweise sinnvoll - auch Selbständige können davon profitieren. Durch gezieltes Outsourcing oder die Konzentration auf bestimmte Tätigkeiten können sie effektiver arbeiten und ihren Erfolg steigern.

Die minimalistische Arbeitsweise bietet also zahlreiche Vorteile - weniger Stress, mehr Zeit und bessere Ergebnisse. Wenn man sich auf das Wesentliche konzentriert, kann man nicht nur im Job, sondern auch im Privatleben glücklicher werden. Also: Trau dich, minimalistisch zu arbeiten und ernte die Früchte.

Hier ist eine Checkliste, die dir helfen kann, minimalistisch zu arbeiten:

- ✓ **Arbeitsplatz aufräumen**: Schaffe einen aufgeräumten und minimalen Arbeitsplatz, indem du nur die Dinge um dich herum hast, die du wirklich für deine Arbeit benötigst. Entferne unnötige Ablenkungen und halte deinen Schreibtisch frei von überflüssigen Gegenständen.
- ✓ **Digitale Ordnung schaffen**: Organisiere deine digitale Arbeitsumgebung, indem du Dateien, Ordner und E-Mails aufräumst. Vermeide überfüllte

Desktops und lösche oder archiviere nicht mehr benötigte Daten.

- ✓ **Prioritäten setzen**: Identifiziere deine wichtigsten Aufgaben und Prioritäten. Fokussiere dich auf das Wesentliche und vermeide die Überlastung mit zu vielen Aufgaben. Setze klare Ziele und arbeite zielgerichtet daran.
- ✓ **Zeitmanagement optimieren**: Verwende ein effektives Zeitmanagement, um dich auf das Wesentliche zu konzentrieren. Setze realistische Fristen für Aufgaben und arbeite konzentriert daran, ohne Zeit zu verschwenden.
- ✓ **Reduzierte Meetings**: Begrenze die Anzahl der Meetings und achte darauf, dass sie effizient und fokussiert sind. Vermeide überflüssige Diskussionen und halte Meetings strukturiert und kurz.
- ✓ **Kommunikation rationalisieren**: Optimiere deine Kommunikation, indem du überflüssige E-Mails und unnötige Besprechungen reduzierst. Verwende effektive Kommunikationstools und halte dich an wichtige Informationen.
- ✓ **Effiziente Arbeitswerkzeuge**: Nutze effiziente Arbeitswerkzeuge und Programme, um deine Produktivität zu steigern. Vermeide die Nutzung von zu vielen verschiedenen Tools und finde heraus, welche für dich am besten geeignet sind.
- ✓ **Minimalistische Arbeitsmethoden**: Entdecke minimalistische Arbeitsmethoden, wie z.B. die 2-Minuten-Regel oder das Pareto-Prinzip (80/20-Regel)*. Fokussiere dich auf die Aufgaben, die den

größten Mehrwert bringen, und reduziere den Aufwand für unwichtige Aufgaben.

✓ **Reduziere Ablenkungen**: Identifiziere Ablenkungen in deiner Arbeitsumgebung und finde Wege, um sie zu minimieren. Schalte Benachrichtigungen aus, schaffe klare Arbeitszeiten und halte dich an konzentrierte Arbeitszeiten.

✓ **Balance zwischen Leben und Arbeit finden**: Mache Pausen, achte auf deine Work-Life-Balance und sorge für Erholungsphasen. Minimalismus in der Arbeit beinhaltet auch, sich auf das Wesentliche zu konzentrieren und ein gesundes Gleichgewicht zwischen Arbeit und Leben zu finden.

* Anmerkung: Das Pareto-Prinzip, auch bekannt als das 80-20-Prinzip, besagt, dass in vielen Fällen ca. 80% der Ergebnisse mit etwa 20% des Aufwandes erreicht werden können. Anders ausgedrückt: Eine geringe Anzahl an Ursachen oder Maßnahmen führt oft zu den meisten Ergebnissen oder Auswirkungen. Die 2-Minuten-Regel ist eine Regel aus dem Zeitmanagement. Sie besagt, dass man jede Aufgabe, die weniger als 2 Minuten in Anspruch nimmt, sofort erledigen sollte. Durch die Anwendung dieser Regel können kleine, aber wichtige Aufgaben schnell erledigt werden.

Diese Checkliste soll dir dabei helfen, minimalistisch zu arbeiten. Jeder hat jedoch seine eigenen Arbeitserfordernisse und -präferenzen, daher ist es wichtig, die Checkliste an deine individuellen Bedürfnisse anzupassen.

Minimalistische Beziehungen

Für viele scheinen minimalistische Beziehungen zunächst unvorstellbar. Schließlich geht es bei einer Beziehung um Nähe, Verbundenheit und Gemeinsamkeiten - alles Dinge, die scheinbar viel Raum einnehmen oder gar körperliche Gegenstände erfordern, sei es in einer Partnerschaft, unter Freunden oder Kollegen.

Doch genau hier kommt der Minimalismus ins Spiel: Es geht nicht darum, auf diese wichtigen Faktoren zu verzichten, sondern sie bewusster wahrzunehmen und mit weniger Materialismus auszukommen. Stattdessen sollten wir uns auf das Wesentliche konzentrieren: Eine gute Gesprächsbasis, positive gemeinsame Erlebnisse und einen respektvollen Umgang miteinander.

Deshalb ist es notwendig, sich von Menschen, die dich ausnutzen, nur streiten, immer recht haben, respektlos sind, kurz: dich nur Energie kosten (toxische Beziehungen), zu trennen oder den Kontakt auf das Notwendigste (bei Kollegen) zu reduzieren. Man muss nicht jedermanns Freund sein.

Beginne damit, deine eigenen Bedürfnisse und Werte zu definieren. Was ist dir in einer Beziehung wichtig - Offenheit? Vertrauen? Romantik? Freundschaft? Gemeinsame Erlebnisse? Wenn du deine Prioritäten kennst, kannst du gezielter suchen und auch schneller erkennen, wenn etwas nicht passt.

In Sachen Kommunikation gilt es minimalistisch vorzugehen: Klare Absprachen führen zu weniger Konflikten und Missverständnissen. Eine offene Kommunikation auf gleicher Ebene schafft ein Gefühl der Sicherheit.

Besonders im Hinblick darauf, dass materielle Dinge oft den Blick fürs Wesentliche verstellen können, empfiehlt es sich außerdem, auch beim Austausch von Geschenken minimalistisch zu denken. Statt teuren Gegenständen können auch selbstgemachte Aufmerksamkeiten oder eine gemeinsame Unternehmung viel bedeutsamer sein.

Minimalistische Beziehungen basieren in erster Linie auf gegenseitigem Respekt und Vertrauen. Es geht darum, dass alle Beteiligten bereit sind, Kompromisse einzugehen und verantwortungsbewusst miteinander umzugehen. Im Fokus stehen hierbei nicht der Konsum von materiellen Dingen (zum Beispiel ein ausuferndes Essen) oder das Erreichen von Statussymbolen, sondern vielmehr die gemeinsame Zeit und Erfahrungen, die man miteinander teilt.

Insgesamt kommt es also nicht darauf an, Beziehungen gänzlich aus unserem Leben zu verbannen. Vielmehr sollten wir bewusster damit umgehen und uns von unnötigem Ballast trennen, um das Wichtigste - unsere Nähe zueinander, das Teilen einer guten Zeit - noch besser lebendig werden lassen zu können.

Auch hier gilt: Weniger ist mehr, Qualität vor Quantität.

Kapitel 3: Minimalismus und Nachhaltigkeit

Wiederverwendung und Recycling

Das Thema Nachhaltigkeit spielt bei Minimalisten eine immer größere Rolle. Wie lässt sich dieses Thema im Alltag umsetzen? Eine Möglichkeit bietet hier die Wiederverwertung.

Denn wer Minimalismus und Nachhaltigkeit leben möchte, kann nicht nur darauf achten, weniger einzukaufen und weniger zu besitzen. Es geht auch darum, Ressourcen zu schonen und Abfälle zu vermeiden. Hier kommt die Wiederverwertung ins Spiel.

Beim Recycling werden zum Beispiel Materialien wie Glas, Papier oder Plastik wiederaufbereitet und erneut verwendet. Dadurch werden Rohstoffe eingespart und entstehende Abfälle reduziert - ein wichtiger Beitrag zum Umweltschutz.

Auch beim Minimalismus ist das Konzept der Wiederverwertung zentral. Denn wer seinen Besitz auf das Wesentliche reduzieren möchte, sollte dabei auch bedenken, dass aussortierte Gegenstände nicht einfach weggeworfen werden sollten. Für viele Dinge gibt es oft noch einen zweiten Verwendungszweck.

Sei es, dass alte Kleidungsstücke zu Putzlappen umfunktioniert werden oder aus altem Geschirr dekorative Blumentöpfe gemacht werden - Kreativität ist gefragt! Und gleichzeitig wird Platz geschaffen für Dinge, die wirklich gebraucht werden.

Allgemein lässt sich sagen: Wer minimal lebt und nachhaltig wirtschaftet, sollte über den Tellerrand hinausblicken und alternative Verwendungsmöglichkeiten für bereits vorhandene

Materialien finden. Denn das schont nicht nur die Umwelt, sondern hilft auch, bewusster mit Ressourcen umzugehen.

Hier ist eine praktische Checkliste mit Beispielen für Upcycling und Wiederverwertung im Rahmen des Minimalismus:

- ✓ **Kleidung**: Repariere beschädigte Kleidungsstücke statt sie wegzuwerfen. Verwandle alte Jeans in Shorts oder Röcke. Nutze Stoffreste, um Beutel, Kissen oder Patchwork-Decken zu nähen.
- ✓ **Möbel und Einrichtungsgegenstände**: Renoviere alte Möbelstücke mit einem neuen Anstrich oder neuen Griffen. Verwende alte Holzpaletten, um Regale, Tische oder Blumenkästen zu bauen. Modifiziere Gurte von alten Koffern oder Taschen, um sie als Wandregal aufzuhängen.
- ✓ **Glas- und Plastikbehälter**: Reinige und verwende Glasbehälter wieder als Aufbewahrungsbehälter für Lebensmittel, Gewürze oder Bastelbedarf. Benutze eere Plastikflaschen, um selbstgemachte Vogelfutterhäuschen oder Blumenvasen zu basteln.
- ✓ **Papierprodukte**: Verwende alte Zeitungen oder Magazine als Verpackungsmaterial oder für Biomüll. Bastle Grußkarten oder Geschenkanhänger aus altem Karton oder Papierresten.
- ✓ **Elektronik und Technologie**: Spende alte, noch funktionierende elektronische Geräte an gemeinnützige Organisationen oder an andere Personen,

die sie noch nutzen können. Nutze alte Smartphones oder Tablets als digitale Bilderrahmen oder
Musikplayer.

✓ **Küchenutensilien**: Verwende Marmeladengläser
als Behälter für Gewürze oder als Teelichthalter.
Bastle Untersetzer aus alten Korken oder Stoffres-
ten.

✓ **Verpackungsmaterialien**: Benutze alte Zeitungen oder Stoffreste zum Einwickeln von Geschenken, anstatt neues Geschenkpapier zu kaufen. Verwende Plastiktüten als Müllbeutel oder zur Aufbe-
wahrung von Schuhen auf Reisen.

✓ **Garten und Pflanzen**: Nutze alte Eimer oder
Töpfe als Pflanzgefäße für Blumen oder Gemüse.
Verwende Kaffeesatz als Dünger für deine Pflan-
zen.

Du kannst die Liste entsprechend deiner persönlichen Vorlieben und Möglichkeiten anpassen und neue Ideen hinzu-
fügen. Das Ziel ist es, Ressourcen zu sparen und vorhandene
Gegenstände wiederzuverwenden, anstatt neue zu kaufen.

Insgesamt trägt Wiederverwertung also auf unterschiedliche Weise dazu bei, Minimalismus und Nachhaltigkeit im Alltag zu leben. Es ist ein wichtiger Baustein auf dem Weg zu
einem bewussteren Konsumverhalten und einer nachhaltigen
Lebensweise - für uns selbst und für eine lebenswerte Zukunft.

Eine minimalistische Lebensweise bedeutet nicht nur, dass man sich von überflüssigem Konsum befreit, sondern auch bewusster mit Ressourcen umgeht. Ein minimalistischer Lebensstil kann dazu beitragen, der Wegwerfgesellschaft entgegenzuwirken und Nachhaltigkeit zu fördern.

Wenn wir uns zum Beispiel eine Wohnung oder ein Haus anschaffen, sollten wir diese nicht größer und damit teurer wählen, als es wirklich notwendig ist. Eine kleine Wohnung verursacht weniger Kosten für Heizung oder Strom und benötigt einfach weniger Platz. Auch beim Einkaufen gilt: Weniger ist oft mehr. Durch den Kauf von qualitativ hochwertigen Produkten können wir sicherstellen, dass wir später keine Verschwendung produzieren müssen.

Am besten lassen sich Effekte des Minimalismus aber anhand eines Beispiels abbilden:

Statt regelmäßig neue Kleidung aus dem Laden zu besorgen, erfreuen sich viele Menschen heute wieder am Upcycling ihrer alten Klamotten.

Aus einem alten T-Shirt wird kurzerhand ein Turnbeutel genäht oder aus Jeanshosen werden coole Taschen gestaltet. So setzen sie ein Zeichen gegen Massenproduktion und Textilverschwendung.

Das Upcycling spart zudem Unmengen an Abfall sowie produktionsbedingte CO_2-Emissionen.

Minimalismus führt letztendlich dazu, dass wir uns auf das Wesentliche konzentrieren - auf das was wirklich zählt. Wir geben weniger Geld für überflüssige Dinge aus und können mit unserem Konsumverhalten die Umwelt schützen. Auch ethische Aspekte spielen hierbei eine Rolle: Minimalismus kann bedeuten, sich von billigen Produktionsbedingungen im Ausland zu distanzieren oder ethische Unternehmen mit nachhaltigen Strategien zu unterstützen.

Es ist jedoch auch wichtig zu betonen, dass jede Person individuell entscheiden muss, wie minimalistisch sie leben möchte. Minimalismus bietet aber eine wichtige Inspiration dafür, sein Leben bewusster zu gestalten - sowohl in Bezug auf den eigenen Konsum als auch gegenüber der Umwelt.

Minimalistisch auf Reisen

Ein minimalistischer Reisender zu sein, bedeutet mehr als nur leichtes Gepäck zu haben. Es handelt sich um eine Lebensweise, die darauf abzielt, mit weniger Besitztümern glücklicher und freier zu leben. Wenn man minimalistisch reist, packt man nur das Nötigste ein und lässt alles andere zurück. Anstatt einen schweren Koffer oder Rucksack zu tragen, entscheidet man sich für einen kleineren und bevorzugt multifunktionsfähige Produkte oder gar keine.

Minimalisten haben oft eine Liste von wichtigen Dingen dabei, wie beispielsweise ein Paar bequeme Schuhe, eine leichte Jacke und essenzielle Hygieneartikel. Mit weniger Gepäck fühlt man sich wohler auf seinen Reisen und hat mehr Platz in der Unterkunft.

Doch muss man wirklich so viele Abstriche machen? Absolut nicht. Minimalistisches Reisen kann auch luxuriös sein. Zum Beispiel könnte man stattdessen in einem stilvollen Hotel übernachten anstelle einer billigen Herberge. Man sollte jedoch im Auge behalten, dass dies höhere Kosten verursachen wird.

Es geht darum, den Fokus weg vom Materialismus hin zum Erleben neuer Orte zu lenken und ein einfacheres Leben ohne unnötige Belastungen zu führen.

Minimalistisches Reisen ermöglicht es uns, unsere Erfahrungen unvoreingenommen durchzuführen, neue Menschen kennenzulernen und uns auf das Wesentliche unserer Umgebung zu konzentrieren. Unser Geist wird freier, unser Horizont erweitert sich und wir können sinnvolle Erlebnisse sammeln.

Also warum nicht mal ausprobieren? Packe leicht und reise minimalistisch - wer weiß, wohin dich dein nächstes Abenteuer führen wird...

Hier ist eine Checkliste, die dir helfen kann, minimalistisch auf Reisen zu gehen:

- ✓ **Reiseziel bewusst wählen**: Entscheide dich für Reiseziele, die zu deinem minimalistischen Lebensstil passen. Priorisiere Orte, die natürliche Schönheit bieten, kulturell reich sind oder eine besondere Bedeutung für dich haben.
- ✓ **Leichte Gepäckauswahl**: Packe nur das Nötigste ein und reise mit leichtem Gepäck. Vermeide überflüssige Kleidungsstücke und wähle vielseitige Kleidungsstücke, die sich leicht kombinieren lassen.
- ✓ **Effiziente Packliste**: Erstelle eine effiziente Packliste, indem du nur die Dinge mitnimmst, die wirklich notwendig sind. Vermeide unnötige Gadgets und konzentriere dich auf die Grundlagen.

- ✓ **Qualitätsbewusstsein**: Investiere in qualitativ hochwertiges, langlebiges Reiseequipment. Wähle gut verarbeitete und leichte Gepäckstücke, die den Anforderungen deiner Reise gerecht werden.
- ✓ **Konsumverhalten**: Vermeide Souvenir-Käufe oder übermäßiges Shopping während deiner Reise. Begrenze Impulskäufe und konzentriere dich auf die Erfahrungen und Erinnerungen, die du sammelst.
- ✓ **Einheimische Kultur erleben**: Tauche in die lokale Kultur ein und lerne von den Einheimischen. Vermeide den typischen touristischen Trubel und entdecke authentische Erlebnisse.
- ✓ **Nachhaltigkeit beachten**: Achte auf nachhaltige Reisemöglichkeiten, wie z.B. umweltfreundliche Transportmittel oder umweltbewusste Unterkünfte. Reduziere deinen ökologischen Fußabdruck während deiner Reise.
- ✓ **Digitale Unterstützung**: Nutze digitale Tools wie Reise-Apps oder digitale Reiseführer, um Platz und Papier zu sparen. Vermeide das Mitführen von zu vielen physischen Reiseführern oder Landkarten.
- ✓ **Flexibilität wahren**: Sei flexibel in deinem Reiseplan und lasse Raum für spontane Erlebnisse und unerwartete Begegnungen. Bleibe offen für Neues und lasse deine Reise fließen.
- ✓ **Achtsamkeit praktizieren**: Sei während deiner Reise achtsam und genieße bewusst jede Erfah-

rung. Vermeide übermäßige Planung und versuche, den Moment zu leben und dich auf das Wesentliche zu konzentrieren.

Diese Checkliste soll dir dabei helfen, minimalistisch auf Reisen zu gehen. Jeder hat jedoch seine eigenen Reisebedürfnisse und -präferenzen, daher ist es wichtig, die Checkliste an deine individuellen Bedürfnisse anzupassen.

Kapitel 4: Minimalismus als Lebensphilosophie

Achtsamkeit und Bewusstsein

Minimalismus ist in unserer heutigen Gesellschaft ein starker Trend. Immer mehr Menschen entscheiden sich bewusst dazu, ihr Leben einfacher und reduzierter zu gestalten, indem sie unnötigen Besitz abgeben und ihre Konsumgewohnheiten hinterfragen. Doch Minimalismus bedeutet nicht nur die äußere Reduktion von Dingen, sondern erfordert auch eine Veränderung der inneren Einstellung.

Eine wichtige Komponente hierbei ist Achtsamkeit. Denn wenn wir uns bewusst mit unseren Gegenständen auseinandersetzen, erfahren wir automatisch mehr Wertschätzung dafür. Wir nehmen unsere Umgebung intensiver wahr und sind dankbarer für das, was wir haben - sei es nun ein Paar gut passende Schuhe oder eine funktionierende Waschmaschine.

Ein weiteres Beispiel für achtsamen Minimalismus ist plastikfrei einkaufen. Statt Massenprodukte in Plastikverpackungen zu kaufen, entscheiden sich immer mehr Menschen für regionale Produkte in unverpackter Form oder Verpackungsalternativen aus nachhaltigen Materialien wie Glas oder Papier.

Doch Achtsamkeit schafft auch Raum für Reflexion über unsere Gedanken und Gefühle: Warum benötigen wir gewisse Dinge wirklich? Was sagt dies über uns selbst aus? Indem wir diesen Fragen nachgehen, können wir unser Kaufverhalten neu justieren und lernen, uns mehr an Wesentlichem statt an Überflüssigem zu orientieren.

Eine Möglichkeit, Achtsamkeit im Rahmen von Minimalismus umzusetzen, ist beispielsweise das Führen eines Tagebuchs.

Durch regelmäßiges Schreiben können wir unsere Gedanken sortieren und festhalten, was uns wirklich wichtig ist. Auch Meditation oder Yoga sind beliebte Methoden, um Achtsamkeit in den Alltag zu integrieren.

Bewusstsein spielt ebenfalls eine wichtige Rolle beim Minimalismus und kann als Ergänzung zur Achtsamkeit gesehen werden. Denn während achtsames Handeln auf den Moment bezogen ist, betrachtet Bewusstsein den gesamten Kontext um das eigene Leben herum.

Beispielsweise kann Bewusstsein bedeuten, dass man nicht nur darauf achtet, wie viel man konsumiert und besitzt, sondern auch, woher die Produkte stammen und unter welchen Bedingungen sie hergestellt wurden. Hierbei kann man beispielsweise auf Organisationen wie Fairtrade achten oder Secondhandkäufe tätigen.

Ein weiteres Beispiel ist das Bewusstsein für unsere Umwelt: Wir können uns fragen, welche Konsequenzen unser Handeln auf unsere Natur hat - sei es durch Vermeidung von Plastikverpackungen oder Abfallvermeidung im Allgemeinen.

Insgesamt zeigt sich also, dass Achtsamkeit und Bewusstsein unerlässliche Komponenten von Minimalismus sind. Denn nur so können wir lernen, uns bewusster mit unseren Besitztümern auseinanderzusetzen und gezielter zu handeln - sowohl in Bezug auf unsere eigene Person als auch im Hinblick auf unsere Mitmenschen und unsere Umwelt.

Glücklichsein durch Minimalismus

Ein Leben ohne Hektik, ein Homeoffice ohne Ablenkungen und eine Wohnung, die nicht überfüllt ist - das wünscht sich fast jeder Erwachsene. Doch wie erreicht man diesen Zustand und kann er wirklich dazu beitragen, glücklicher zu sein?

Eine Möglichkeit, Minimalismus in den Alltag zu integrieren und dadurch auch glücklicher zu werden, besteht darin, das Konzept des "Capsule Wardrobes" umzusetzen. Dabei handelt es sich um einen Kleiderschrank mit wenigen ausgewählten Kleidungsstücken, die untereinander gut kombinierbar sind. Durch diese bewusste Auswahl fällt morgens das Entscheidungschaos weg und man spart Zeit und Energie.

Auch im Bereich des Wohnens lässt sich Minimalismus durch leere Tischflächen oder bewusst abgestimmte Farben umsetzen. Weniger Unordnung hilft bei der Konzentration im Arbeitszimmer oder auch beim Relaxen im Wohnzimmer.

Doch warum macht uns Minimalismus überhaupt glücklich? Indem wir uns von materiellen Dingen lösen und herausfinden, was uns wirklich wichtig ist, setzen wir Prioritäten neu. Wir erkennen, dass uns besondere Erlebnisse und Beziehungen mehr Freude bereiten als der Besitz von Dingen.

Weg zur Selbstverwirklichung und Freiheit

Ein Leben voller Chaos und Stress war für Katja Alltag. Die ständige Suche nach dem nächsten großen Ding, der Konsum von Dingen, die sie eigentlich nicht brauchte und das Gefühl, nie genug zu haben, raubten ihr Energie und Zeit. Irgendwann entschied sie sich dazu, diesen Lifestyle zu ändern und erkannte im Minimalismus ein Mittel zur Selbstverwirklichung und Freiheit.

Katja begann damit, ihr Hab und Gut auszusortieren und sich auf die Dinge zu konzentrieren, die sie wirklich glücklich machten. Sie reduzierte ihre Kleidung auf wenige Lieblingsstücke und trennte sich von unnützen Dekorationen in ihrer Wohnung.

Doch was bedeutete das alles für sie?

Minimalismus ist viel mehr als nur ein Trend oder eine Lebensweise für Menschen ohne Geld - es ist eine Art zu leben mit Fokus auf das Wesentliche. Dabei geht es darum, bewusst Entscheidungen zu treffen, welche Dinge im Leben wichtig sind und welche nicht. Es geht um Achtsamkeit im Umgang mit Ressourcen sowie das Bewusstsein dafür, wie wir unser Leben gestalten möchten.

Für Katja schuf dieses minimalistische Leben mehr Möglichkeiten: Mehr Zeit für Hobbys oder gesellschaftliches Engagement; mehr finanzielle Flexibilität durch weniger Ausgaben für Konsumgüter; sogar eine höhere Produktivität im Job durch weniger Ablenkungen.

Doch wie setzt man Minimalismus praktisch um?

Hier gibt es viele Wege: Entrümple deine Küchenschränke regelmäßig von altem Kram; kaufe Kleidung nur bei Bedarf ein; halte deine Wohnung frei von unnötigem Schnickschnack. Fehler sind erlaubt - entscheidend ist, wiederkehrende Fragen zu stellen: Brauchst du dieses neue Gadget mit all seinen Funktionen wirklich? Ist das nächste Paar Schuhe notwendig oder ist es nur ein Konsumzwang?

Minimalismus als Mittel zur Selbstverwirklichung und Freiheit kann dein Leben verändern - aber nur, wenn du loslässt von der Vorstellung, dass mehr immer besser ist. Es geht um die Entdeckung des Schönen in einer kleinen und scheinbar unbedeutenden Welt. Ein minimalistischer Lebensstil bedeutet nicht zwangsläufig Askese, sondern bietet viele Chancen für kreatives Gestalten und ein bewussteres Leben. Überlege dir selbst welche Dinge dir tatsächlich wichtig sind und lass alles andere hinter dir.

Kapitel 5: Bonuskapitel

Ein Leben mit weniger: Minimalismus und Design

Minimalismus als Lebensart liegt im Trend. Immer mehr Menschen entscheiden sich bewusst für eine vereinfachte, auf das Wesentliche konzentrierte Lebensweise. Wie hängt dieser Trend mit Design zusammen?

Minimalismus als Begriff taucht zum Beispiel in der Kunstwelt der 1950er Jahre auf. Maler wie Barnett Newman oder Mark Rothko malten monochrome Bilder ohne erkennbare Motive - nur Farbflächen. Auch der Komponist John Cage experimentierte mit minimalistischen Strukturen und Stilen.

Diese Entwicklung findet sein Pendant im Design: So prägten die Designer Dieter Rams (Braun), Charles Eames (Eames Chair), Arne Jacobsen (AJ Lampe) sowie Ludwig Mies van der Rohe den minimalen Gestaltungsstil in ihrer Arbeit maßgeblich. Die Philosophie dahinter: Weniger ist mehr.

Eine der frühesten Strömungen, die als Vorläufer des heutigen Minimalismus betrachtet werden kann, ist die Konkrete Kunst. Die Konkrete Kunst entstand in den 1920er Jahren durch Künstler wie Theo van Doesburg und Piet Mondrian und hatte ihren Höhepunkt in den 1930er- und 1940er-Jahren.

Die Konkrete Kunst legte großen Wert auf klare Formen, geometrische Abstraktion und die Verwendung grundlegender Farben. Sie strebte danach, das Bild auf seine reinen, visuellen Elemente zu reduzieren und die Botschaft auf das Wesentliche zu konzentrieren.

Diese minimalistische Herangehensweise an Kunst und Design fand auch in anderen Bereichen wie Architektur Anklang und beeinflusste zum Beispiel Strömungen wie den Bauhaus-Stil.

Der Bauhaus-Stil kann ebenfalls als eine Art Vorläufer des heutigen Minimalismus betrachtet werden. Das Bauhaus war eine Kunst- und Designschule in Deutschland, die von 1919 bis 1933 existierte. Diese Bewegung legte Wert auf Einfachheit, Funktionalität und Reduzierung auf das Wesentliche.

Die Bauhaus-Künstler und -Designer verfolgten das Ziel, Kunst und Design zu vereinen und die Gestaltung von Alltagsgegenständen zu verbessern. Sie setzten auf klare Linien, geometrische Formen und offene Innenräume. Der Fokus lag auf purer Funktionalität und dem Einsatz industrieller Produktionsmethoden.

Der minimalistische Ansatz des Bauhaus-Stils entsprach den Ideen des Minimalismus, der später im 20. Jahrhundert aufkam. Beide Stile streben nach Einfachheit, Klarheit und Reduktion auf das Wesentliche. Sowohl der Bauhaus-Stil als auch der Minimalismus betonen die Bedeutung von funktionalem Design, klaren Linien und einer bewussten Auswahl von Materialien.

Es lässt sich sagen, dass der Bauhaus-Stil mit seinen minimalistischen Ansätzen und Prinzipien einen wichtigen Einfluss auf die Entwicklung des heutigen Minimalismus hatte. Der minimalistische Lebensstil und Designansatz, der heute oft mit Minimalismus assoziiert wird, kann seine Wurzeln in solchen früheren Designbewegungen wie dem Bauhaus finden.

Es ist wichtig zu beachten, dass der Begriff "Minimalismus" selbst erst später geprägt wurde und dass es verschiedene

Kunstbewegungen und Designströmungen gab, die den minimalistischen Ansatz in unterschiedlichem Maße verkörperten. Dennoch kann man die Konkrete Kunst und das Bauhaus als früheste Strömungen betrachten, die minimalistische Konzepte und Ästhetik vorwegnahmen und den Weg für den späteren Minimalismus ebneten.

Die steigende Nachfrage beispielsweise nach minimalistisch gestaltetem Wohnraum-Design kam durchaus überraschend in einer Zeit, in der wir uns normalerweise mit endlosen Möglichkeiten beschäftigten und ständig neue Funktionen zu integrieren versuchten.

Im Gegensatz dazu steht jedoch das Verlangen nach Unabhängigkeit und nachhaltigem Konsumverhalten, welches uns dazu veranlasste, reduzierter zu leben und sorgfältiger auszuwählen, was wir wirklich brauchen.

Die Regel in der Minimalismus-Community ist dennoch einfach: Besitze nur das absolut Notwendige. Dies stellt im heutigen Leben jedoch eine echte Herausforderung dar, denn unsere Bedürfnisse decken sich nicht immer mit unseren Möglichkeiten. Wenn man allerdings genauer hinsieht, ist es offensichtlich, dass viele alltägliche Objekte unserer Zeit tatsächlich so gestaltet sind, Platz zu sparen und die Funktionalität zu erhöhen.

Der Minimalismus als Lebensphilosophie und Designgrundlage hat bereits mehrere Jahrzehnte auf dem Buckel und mündet heute im Wunsch nach Unabhängigkeit sowie einem kritischen Konsumverhalten. Hierbei geht es vor allem um einen bewussteren Umgang mit Dingen und Ressourcen - sei es beim Kauf eines neuen Kleidungsstücks oder beim Einrichten des eigenen Heims.

Minimalistisch leben bedeutet somit auch ein Stück Freiheit gewinnen. Und wer weiß, vielleicht führt uns unser Weg ja zurück zum Wesentlichen.

Digital Detox: Minimalismus im digitalen Zeitalter

Einmal kurz im Internet surfen, die sozialen Medien checken oder eine E-Mail beantworten: Für viele von uns ist das mittlerweile zum Alltag geworden. Doch schon längst hat sich eine Gegenbewegung etabliert - das sogenannte "Digital Detox". Was bedeutet das eigentlich genau und warum entscheiden sich immer mehr Menschen dafür?

Der Begriff "Detox" kommt aus dem Englischen und bedeutet übersetzt Entgiftung. Im Zusammenhang mit Digitalisierung geht es also darum, sich bewusst digitalen Medien zu entziehen - sei es für einen bestimmten Zeitraum oder auf unbestimmte Zeit. So lässt sich damit eine Struktur für die Nutzung aufzubauen. Ziel des digitalen Entzugs ist es, sich wieder vermehrt auf reale Beziehungen und die eigenen Bedürfnisse zu konzentrieren.

Tatsächlich gibt es mittlerweile einen wachsenden Trend zur digitalen Entgiftung. Viele Menschen fühlen sich in ihrem Alltag von permanentem Stress, Schnelllebigkeit und übermäßigem Informationsfluss belastet. Ständige Erreichbarkeit sowie der Überkonsum an digitalen Inhalten können schnell zu Überforderungen, die wir selbst oft nicht sofort wahrnehmen, führen.

Hier setzt das Konzept des Digital Detox an: Eine Auszeit vom Internet soll helfen, innerlich zur Ruhe zu kommen und den Fokus wieder auf das Wesentliche zu legen. Dafür gibt es verschiedene Ansätze: Manche Menschen verzichten komplett auf digitale Geräte wie Smartphones oder Laptops, andere beschränken ihre Nutzung lediglich oder reduzieren sie zeitweise drastisch.

In vielen Fällen gehen digitale Entgiftungen auch mit alternativen Aktivitäten einher: Yoga- oder Meditationskurse, Waldspaziergänge oder andere Freizeitaktivitäten in der Natur. Dabei geht es darum, Körper und Geist wieder zu synchronisieren und den persönlichen Energiehaushalt wieder aufzuladen.

Die Effekte des Digital Detox können vielfältig sein: Viele Menschen berichten von einem gesteigerten Wohlbefinden, besserem Schlaf sowie einem verbesserten Konzentrationsvermögen nach der Entgiftung. Auch die zwischenmenschliche Kommunikation kann davon profitieren - durch bewusstere Begegnungen und ein stärkeres Einfühlungsvermögen.

Durch eine gezielte Entgiftung von digitalen Medien sollen die körperliche und die psychische Gesundheit gefördert werden. Einige ziehen daraus auch dauerhafte Verhaltensänderungen, indem sie die Nutzung digitaler Endgeräte zeitweilig oder komplett reduzieren.

In unserer heutigen Gesellschaft stehen wir permanent unter Druck. Weil unsere Smartphones umfassende Funktionen haben und wir jederzeit via WhatsApp oder Social Media erreichbar sind, fällt es uns schwer, nicht ständig online zu sein.

Digitale Endgeräte, die wir im Alltag und bei der Arbeit am häufigsten benutzen, sind beispielsweise:

> Smartphones

> Laptops und Desktop-Computer
> Tablets
> E-Book-Reader
> Smartwatches
> Smart-TVs
> Kameras
> Spielekonsolen u.a.m.

Beispiele für die am häufigsten genutzten sozialen Medien sind:

> WhatsApp
> Facebook
> Instagram
> Twitter (jetzt: X)
> LinkedIn
> Snapchat
> TikTok
> YouTube
> Pinterest u.a.m.

Beachte bitte, dass es je nach Region und Alter variiert, welche Geräte und sozialen Medien am häufigsten genutzt werden. Diese Listen können im Laufe der Zeit auch Änderungen unterworfen sein, da zum Beispiel immer wieder neue Plattformen auf den Markt kommen.

Welche Auswirkungen hat diese permanente Verfügbarkeit auf unser Wohlbefinden?

Laut wissenschaftlichen Studien kann die dauerhafte Nutzung digitaler Geräte sowohl psychisch als auch physisch negative Folgen haben. Menschen, die häufig ihr Smartphone nutzen oder viel Zeit auf sozialen Netzwerken verbringen, neigen dazu, Angstzustände und Depressionen zu entwickeln.

Dies liegt daran, dass durch zu häufiges Checken von E-Mails und Benachrichtigungen ständiger Stress herrscht - im Laufe des Tages prasseln tausende Informationen auf uns ein, eine wahre Flut davon. Unser Gehirn braucht jedoch Ruhephasen zur Verarbeitung dieser Eindrücke - welche bei ständiger Ablenkung fehlen.

Die ständige Nutzung des Digitalequipments beeinträchtigt zudem unsere Schlafqualität negativ. Das blaue Licht der Bildschirme hemmt die Produktion des Schlafhormons Melatonin. Damit finden viele Menschen schlechter in einen erholsamen Schlaf und fühlen sich tagsüber müde und erschöpft.

Besonders problematisch ist die übermäßige Nutzung sozialer Medien. In einem Zeitalter, in dem jeder alles teilen kann (und tut), lässt das Vergleichen mit anderen Lebensstilen schnell Gefühle der Unzufriedenheit entstehen. Oft völlig unnötig - denn jeder präsentiert letztendlich nur seine vermeintlich beste Seite.

Wer sich allerdings ausführlich mit der Thematik der Online-Sucht beschäftigt hat, weiß, dass digitale Medienabstinenz nicht einfach ist - denn es gibt keine Kündigungsfrist für das Internet. Ein unfreiwilliger Entzug kann bei Betroffenen schlechte Laune und sogar eine manifestierte Depression auslösen.

Zusammenfassend seien an dieser Stelle einige körperliche Auswirkungen der Nutzung digitaler Geräte genannt:

> **Augenbelastung**: Die lange Zeit, die man auf einen Bildschirm schaut, kann Augenringe, Trockenheit, Brennen und Schmerzen der Augen verursachen.

> **Nacken- und Rückenschmerzen**: Unangemessene Haltung und lange Sitzzeiten können zu Nacken- und Rückenschmerzen, Muskelverspannungen und Gelenkknoten führen.

> **Kopfschmerzen**: Die Augenbelastung und die Muskelverspannungen können Kopfschmerzen und Migräne auslösen.

> **Veränderung der Hormone**: Die blaue Lichtstrahlung von digitalen Geräten kann den Hormonhaushalt beeinträchtigen, was zu Schlafstörungen, Stimmungsschwankungen und Depressionen führen kann.

> **Einfluss auf den Schlaf**: Gerade kurz vor dem Schlafengehen kann das Licht von digitalen Geräten den Melatoninspiegel reduzieren, was den Schlaf stören kann.

> **Gefährdung der Handgelenke**: Unangemessen lange Benutzung von Tastaturen und Mäusen kann Schmerzen, Steifheit und sogar das Karpaltunnelsyndrom verursachen.

> **Gefährdung des Gehörs**: Wenn digitale Geräte zu laut genutzt werden, kann es zu Tinnitus und Hörverlust kommen.

> **Beeinträchtigung der Haut**: Das blaue Licht von digitalen Geräten kann auch Auswirkungen auf die Haut haben, indem es die Elastinproduktion reduziert und das Altern beschleunigt.

Bitte beachte, dass die genannten Auswirkungen nicht bei allen Nutzern gleich sind und dass individualisierte Faktoren eine Rolle spielen.

Zu den psychischen Auswirkungen übermäßiger digitaler Aktivität zählen:

> **Angstzustände**: Die ständige Erreichbarkeit und die damit verbundene ständige Verfügbarkeit von Informationen können dazu führen, dass man sich verpflichtet fühlt, immer verbunden zu sein und Angst hat, etwas Wichtiges zu verpassen.
> **Soziale Isolation**: Übermäßige Nutzung von digitalen Medien kann dazu führen, dass man weniger Zeit für persönliche Interaktionen mit Freunden und Familienmitgliedern hat, was zu sozialer Isolation und Einsamkeit führen kann.
> **Depressionen**: Digitale Medien können eine übermäßige Selbstbeobachtung und den Vergleich mit anderen fördern, was zu einer reduzierten Selbstachtung und Depressionen führen kann.
> **ADHS**: Digitale Geräte und soziale Medien können zur Zerstreuung und Unfokussiertheit beitragen und so bei manchen Nutzern die Symptome der

Aufmerksamkeits-**D**efzit-**H**yperaktivitäts-**S**törung verschlimmern.

> **Sucht**: Übermäßige Nutzung von digitalen Geräten kann zu einer Sucht führen, verbunden mit dem Verlust der Kontrolle über die eigenen Handlungen.

> **Burnout-Effekt**: Der Druck, immer erreichbar und auf dem neuesten Stand zu sein, kann zu Überforderung und Burnout führen.

Bitte beachte, dass diese Liste nicht vollständig ist und dass die Art und Schwere der psychischen Belastungen stark variieren kann, abhängig von individuellen Faktoren und Umständen.

Hier sind einige Gefahren speziell der Nutzung sozialer Medien genannt:

> **Cybermobbing und Belästigung**: Die Anonymität im Internet kann dazu führen, dass Menschen aggressiv und rücksichtslos handeln und andere belästigen oder mobben.

> **Cyberstalking und Bedrohung**: Soziale Medien können für Stalker und Täter eine Möglichkeit sein, ihre Opfer zu überwachen und zu bedrohen.

> **Daten- und Identitätsdiebstahl**: Soziale Medien können gehackt werden, was zur Offenlegung von persönlichen und vertraulichen Informationen führt.

> **Sucht und Abhängigkeit**: Die Nutzung von sozialen Medien kann süchtig machen und zu einer Abhängigkeit von digitalen Geräten führen.

> **Verzerrte Realität**: Social Media-Plattformen zeigen oft ein idealisiertes und verzerrtes Bild der Realität, was zu unrealistischen Erwartungen und Frustration bei den Nutzern führen kann.

> **Vergleich mit anderen**: Die ständige Präsenz von Bildern und Status-Updates führt oft dazu, dass sich Nutzer mit anderen auf sozialen Medien vergleichen und sich minderwertig fühlen.

> **Fake-News und Desinformation**: Soziale Medien können auch eine Quelle von Falschinformationen und Desinformation sein, die zu Irrtümern und Vorurteilen führen können.

Bitte beachte, dass diese Liste nicht vollständig ist und je nach Art und Weise der Nutzung variieren kann.

Im Allgemeinen gehen wir auch davon aus, dass Frauen sozialere Wesen sind und damit etwas mehr im Social-Media-Zeitalter aufgehen als Männer. In einer Zeit ohne Privatsphäre scheint eine zeitweise Aufnahme des Digital Detox herausfordernd zu sein - aber notwendig, um psychisches Wohlbefinden sicherzustellen.

In unserer schnelllebigen und digitalisierten Welt fällt es also sehr schwer, von unseren Geräten wegzukommen. Wir verbringen täglich Stunden an unseren Smartphones und in den sozialen Medien, um uns mit der Welt zu vernetzen. Doch diese übermäßige Nutzung kann unser Leben negativ beeinflussen, indem es zum Beispiel unsere Schlaf- und Essgewohnheiten stört sowie unsere Konzentration beeinträchtigt.

Wenn du das Gefühl hast, dass die digitale Überreizung dein Leben dominiert, wäre Digital Detox eine Möglichkeit für dich, die Dinge wieder in den Griff zu bekommen. Hier sind einige Tipps für einen erfolgreichen Start in die Welt der digitalen Entgiftung:

- ✓ Aktiviere die Funktionen **"Nicht stören"** oder **"Flugmodus"** am Smartphone, um unterbrechungsfreie Zeit zu schaffen.
- ✓ **Lege einen Zeitraum fest**, indem du grundsätzlich nicht gestört werden willst, zum Beispiel nachts von 21:00 bis 07:00 Uhr - in diesem Fall schaltest du das Gerät am besten ab und legst es in einen anderen Raum.
- ✓ Lege fest, wann du **E-Mails und Nachrichten liest und beantwortest**, beispielsweise zweimal am Tag zu festen Zeiten.
- ✓ **Schalte Push-Benachrichtigungen aus**: Durch das Ausschalten der Benachrichtigungen können wir endlich wieder die Kontrolle über unser Leben zurückgewinnen anstatt immer erst einmal zum Smartphone greifen zu müssen, wenn die Push-Meldung kommt.
- ✓ **Lösche unnötige Apps**, die viel Zeit in Anspruch nehmen und deine Aufmerksamkeit ablenken.

- ✓ **Vermeide digitale Geräte** (also auch Laptops, PCs) mindestens eine Stunde vor dem Schlafengehen.
- ✓ Versuche, wenigstens **einen oder besser zwei vollständige Tage pro Woche ohne digitale Geräte** zu verbringen.
- ✓ **Plane Zeit in der Natur ein**, um deine Augen und deinen Geist von Bildschirmen zu entlasten.
- ✓ Setze eine **Begrenzung für die Zeit**, die du auf sozialen Medien verbringst.
- ✓ Führe **alternative Aktivitäten** durch, wie Lesen, Handwerksarbeiten, Sport, oder Gespräche mit Freunden und Familienmitgliedern.

Bitte beachte, dass jeder Mensch unterschiedliche Methoden und Strategien zur Digital Detox-Praxis verwenden kann. Es ist wichtig, individuelle Bedürfnisse und Vorlieben im Auge zu behalten.

Nachdem man solche praktischen Ansätze befolgt hat, wird einem dann tatsächlich langweilig? Nein. Tatsächlich gibt es unzählige Aktivitäten jenseits des Bildschirms:

- ✓ **Lesen:** Ein gutes Buch bietet Ablenkung vom Alltag und regt unsere Gedanken an.
- ✓ **Meditation:** Setze dich zur Meditation auf eine ruhige und bequeme Stelle, entspanne deinen Körper und konzentriere dich auf deine Atmung.

✓ **Freunde treffen oder mit Partner*innen ausgehen**: Wir sollten nicht vergessen, dass das Leben auch - oder vielleicht: vor allem - außerhalb unseres Smartphones existiert.

Dies können nur ein paar Beispiele für alternative Aktivitäten sein. Digital Detox ist ein Weg zurück zu uns selbst - weg von der Anspannung der digitalen Welt und hin zu unserer inneren Ruhe. Ein Weg, den wir alle mindestens einmal ausprobieren sollten, um bewusster mit unserem Leben umgehen zu können. Gönne dir eine digitale Pause - dein Geist, Körper und Seele werden es dir danken.

Welchen Nutzen hat dieses Konzept nun für unsere körperliche Verfassung?

Studien zeigen, dass das ständige Starren auf einen Bildschirm unsere Sehkraft beeinträchtigen kann. Augenreizungen oder -entzündungen treten folglich häufiger auf. Auch Nacken- und Rückenschmerzen können entstehen: Das lange Sitzen vor dem Computer führt dazu, dass wir in eine schlechte Haltung verfallen.

Doch nicht nur unser Körper leidet unter der Dauerbelastung durch digitale Medien, auch unser Gehirn arbeitet unfreiwillig auf Höchstleistung. Das permanentes Unterhaltungsangebot - Nachrichten, Anrufe, Spiele und soziale Netzwerke - führt zu Überstimulation des Gehirns. Es ist schwerer geworden sich lange auf eine einzige Tätigkeit zu konzentrieren.

Es gilt in diesem Zusammenhang zu beachten, dass sich das menschliche Gehirn sehr langsam entwickelt und sich von dem eines Jäger und Sammlers vor 20.000 Jahren nicht signifikant unterscheidet - archaische Strukturen beeinflussen unser Handeln und unsere Bedürfnisse heute noch.

Indem man sich vom Internet abschaltet, kann man sich jedenfalls ganz auf andere Sachen konzentrieren, beispielsweise Sportarten, Spaziergänge an der frischen Luft und Ausgehen, Meditation oder aber Lesen.

Des Weiteren können Menschen mehr Zeit mit ihren Familien oder Freunden verbringen ohne ständig von digitalen Geräten abgelenkt zu werden. Die zwischenmenschlichen Beziehungen profitieren davon, dass man dem Gesprächspartner voll und ganz aufmerksam sein kann. Die Lockdowns während der Pandemiezeit haben übrigens mit der starken Nutzung von Home Offices häufig das Gegenteil, also die Störung der familiären Kommunikation, bewirkt.

Digital Detox führt dazu, dass unser Körper sich erholen kann, unsere Gehirnfunktionen sich stabilisieren können und wir konzentrierter arbeiten können als vorher. Dies ermöglicht es uns produktiver im Arbeitsalltag zu sein und auch innerhalb der Privatsphäre wertvolle Momente mit den Liebsten zu verbringen.

Hier sind in aller Kürze einige Vorteile des Digital Detox:

> **Verbesserung des Schlafverhaltens**: Das Vermeiden von Bildschirmen vor dem Schlafengehen kann die Qualität und die Quantität des Schlafs verbessern.

> **Steigerung der Produktivität**: Pausen von digitalen Geräten können dir helfen, dich zu konzentrieren und produktiver zu arbeiten.

- ➢ **Bessere psychische Gesundheit**: Digitale Geräte und soziale Medien können Stress und Ängste verursachen. „Entgifte" dich und verbringe mehr Zeit offline, dies kann eine bessere psychische Gesundheit zur Folge haben.
- ➢ **Verbesserung der Beziehungen**: Zeit ohne digitale Geräte kann genutzt werden, um persönliche Gespräche mit Freunden oder Familie zu führen, was wiederum zu einer stärkeren Bindung führen kann.
- ➢ **Erhöhung der Kreativität**: Zeit weg von technischen Geräten kann helfen, deine Gedanken zu klären und deine kreative Seite zu öffnen.
- ➢ **Verbesserung der körperlichen Gesundheit**: Digitale Geräte können negative Auswirkungen auf die körperliche Gesundheit haben. Zeit in der Natur und Übungen können die körperliche Gesundheit verbessern.
- ➢ **Aufbau von Selbstdisziplin**: Digitale Geräte können süchtig machen. Digitale Entgiftung kann helfen, Selbstdisziplin aufzubauen und negative Gewohnheiten zu brechen.
- ➢ **Stressabbau**: Die Beschränkung der Nutzung von digitalen Geräten kann helfen, den Stress abzubauen, der oft damit verbunden ist, immer erreichbar sein zu „müssen".

Bitte beachte, dass das Erleben von Vorteilen durch Digital Detox individuell unterschiedlich sein kann.

Das zuvor Gesagte wird vielen Menschen sicher nicht gefallen - der Glaube an die Technologie grenzt für viele schon an eine Religion. Unser Gehirn hat trotz aller Gläubigkeit laut Wissenschaftlern nur eine begrenzte Kapazität; es teilt also seine Aufmerksamkeit und wird in einen dauerhaften Alarmzustand versetzt. Übermäßige Nutzung digitaler Medien kann weitreichende negative Folgen haben, die uns zunächst gar nicht klar sind.

Wir sind gefangen in einer digitalen Welt, der wir uns nicht vollständig entziehen können. Wir verlernen immer stärker, eine Aufgabe in Ruhe zu Ende zu führen - sobald eine Nachricht kommt, greifen wir beispielsweise zum Smartphone. Die Probleme beginnen Studien zufolge schon im Grundschulalter, wo Kinder nachgewiesenermaßen deswegen Verhaltensauffälligkeiten und Konzentrationsschwächen zeigen; das ADHS-Syndrom kann verstärkt werden.

Mit Digital Detox haben wir jedoch ein Konzept in der Hand, mit dem wir uns wieder Freiräume verschaffen können. Es gibt viele gute Gründe, warum es sinnvoll sein kann, sich eine Auszeit von der digitalen Welt zu gönnen. Kontemplation ist Balsam für die Seele, ebenso wie die Umwelt, sich zu bewegen und die Natur wahrzunehmen.

In einer Welt, die immer schneller wird, stellt Digital Detox einen wichtigen Ausgleich dar, um wieder zur Ruhe zu kommen. Es lohnt sich also für jeden einmal eine digitale Pause einzulegen um mehr Gelassenheit ins Leben zu bringen.

Minimalismus als Kontrastprogramm

Ein Leben voller Hektik, Stress und Überfluss - so könnte man das moderne Leben beschreiben. Doch immer mehr Menschen suchen nach einem Ausweg aus diesem Hamsterrad. Ein Trend, der dabei helfen kann, ist Minimalismus.

Viele denken beim Wort Minimalismus an leere Räume und ein karges Leben ohne Freude. Aber ist das wirklich so?

Für viele Minimalisten geht es vielmehr, wie wir gesehen haben, um die Reduktion auf das Wesentliche - sie möchten sich befreien von Überfluss und Ballast. Das kann bedeuten, dass man sich von Dingen trennt, die man nicht wirklich braucht oder dass man bewusst weniger konsumiert.

Minimalismus als Kontrastprogramm zum modernen Alltag zu verstehen bedeutet also nicht, dass man auf alles verzichten muss oder dass man kein fröhliches Leben mehr führen kann. Im Gegenteil: Durch den Verzicht auf unnütze Dinge gewinnt man oft Zeit und Raum für die wichtigen Dinge im Leben. Kleine Freuden bekommen eine größere Bedeutung und auch zwischenmenschliche Beziehungen können gestärkt werden.

Und minimal leben heißt ja nicht zwangsläufig spartanisch zu existieren - vielmehr kann eine minimalistische Lebensweise auch zur Geldersparnis beitragen: Wer bewusster mit seinem Geld umgeht und nur noch in Qualität statt Quantität investiert, hat am Ende des Tages oft mehr übrig.

Minimalismus als Kontrastprogramm zum modernen Leben mag ungewohnt wirken - aber es lohnt sich durchaus, darüber nachzudenken, ob diese Art des Lebens vielleicht sogar eine Bereicherung sein könnte.

Kapitel 6: Zusammenfassung und Ausblick

Die Vorteile des Minimalismus

Ein Leben im Überfluss mag für viele Menschen verlockend klingen, doch für viele Menschen wird es zur Belastung. Sie fühlen sich von ihrem Besitz erdrückt und unglücklich, obwohl sie eigentlich alles haben, was sie brauchen.

Ein Ausweg aus diesem Teufelskreis kann der Minimalismus sein. Minimalisten besitzen nur das Nötigste - und das bedeutet auch weniger Stress und Sorgen. Anstatt sich um Unmengen an Gegenständen kümmern zu müssen, konzentrieren sie sich auf die wichtigen Dinge im Leben - Familie, Freunde, Arbeit oder Hobbys. Zudem spart man als Minimalist Geld: Man kauft keine unnützen Dinge mehr, sondern nur noch Dinge, die wirklich benötigt werden. Dies schafft Raum für Erlebnisse wie Reisen oder den Besuch von Veranstaltungen.

Doch Minimalismus ist nicht nur gut für den Geldbeutel, sondern auch für die Umwelt. Wer weniger besitzt, produziert automatisch auch weniger Müll und CO2-Emissionen. Durch den Verzicht auf materielle Dinge gewinnen Minimalisten außerdem mehr Zeit. Anstatt stundenlang einzukaufen oder ihr Haus zu putzen, können sie stattdessen ihre Freizeit genießen oder sich neuen Projekten w dmen.

Ein weiterer Vorteil des Minimalismus liegt in der geistigen Ruhe begründet. Ohne den Druck dauernd Besitz anzuhäufen, verschwindet ein großer Teil der Sorgen und mit ihnen ein Stück Stress.

Weniger, aber dafür hochwertigere Dinge anzuschaffen, wirkt sich positiv auf die Umwelt aus. Unser Lebensstil hat Auswirkungen auf unser Umfeld und es ist wichtiger denn je, auch hier Achtsamkeit walten zu lassen. Durch bewussteres Konsumverhalten bleibt weniger Müll übrig und Ressourcen werden geschont.

Insgesamt gibt es viele unterschiedliche Gründe dafür, minimalistisch zu leben. Doch egal welcher Hintergrund auch vorliegen mag, der Minimalismus bietet seinen Anhängern zahlreiche Vorteile für mehr Ausgeglichenheit und Zufriedenheit im Alltag.

Minimalismus in den eigenen Alltag integrieren

Viele Menschen fühlen sich gestresst und überfordert von ihrem Alltag. Ein großer Teil davon geht auf den enormen Konsum zurück, der in unserer Gesellschaft als normal angesehen wird. Immer mehr Dinge müssen her, obwohl viele davon eigentlich gar nicht wirklich benötigt werden. Das Konzept des Minimalismus hingegen setzt auf die Reduktion von unnötigem Ballast und somit auch auf eine Verringerung von Stress.

Die Grundidee des Minimalismus ist einfach: Weniger besitzen heißt mehr Freiheit haben. Denn wer sich ausmalt, was er alles tun könnte, wenn er nicht ständig damit beschäftigt wäre, all seine Dinge zu sortieren und sich um sie zu kümmern oder gar noch immer neue anzuschaffen, dürfte schnell merken: Weniger ist tatsächlich oft mehr.

Doch wie kann das Konzept des Minimalismus erfolgreich in unseren eigenen Alltag integriert werden? Nun, es gibt keinen Königsweg dahin und jeder muss für sich entscheiden, wie viel

Minimalismus ihm gut tut. Doch einige Tipps können dabei helfen.

Zunächst sollten wir uns fragen: Brauchen wir das wirklich? Überlege also bei jedem Kauf genau, ob dieser Gegenstand tatsächlich benötigt wird oder nur Trendgegenstand ist und nach kurzer Zeit wieder ausrangiert wird. Oftmals stellt man fest, dass man durchaus auch ohne viele Dinge sehr zufrieden leben kann.

Aber wie kommt man sonst ans Ziel? Am besten fängt man klein an: Schrittweise gewöhnt man sich daran, immer weniger Dinge zu verwenden oder kein Unnötiges mehr zu kaufen. Alte Dinge, die man nicht mehr benutzt, können ebenfalls aussortiert und verkauft oder verschenkt werden.

Ein weiterer Trick ist es, einen eigenen Besitzkatalog zu führen - denn gerade dort wird uns bewusst, wie viel wir tatsächlich besitzen. Auch hierbei hilft das Aussortieren von ungenutzten Sachen.

Es gibt Quellen die behaupten, dass ein deutscher Haushalt im Durchschnitt 40.000 Gegenstände besitzt, von der einzelnen Reiszwecke bis hin zum Auto - an dieser Zahl, sollte sie stimmen, wird klar, dass darunter viele Sachen sein müssen, die nie oder nicht mehr benutzt werden.

Sicherlich gibt es noch viele Möglichkeiten, das Konzept des Minimalismus im Alltag umzusetzen. Doch eins steht fest - ein Leben mit weniger Ballast kann uns glücklicher machen und gibt uns Möglichkeiten, Zeit für andere Dinge als ständiges Aufräumen und Sortieren zu finden.

Probiere es aus.

Minimalistischer Staat - eine Utopie?

Auf der Suche nach einem minimalistischen Staat war Evi von Zweifeln hin- und hergerissen. Schließlich schien es fast unmöglich zu sein, einen Staat zu finden, der keine großen Strukturen oder ausufernde Bürokratie hat. Doch dann stieß sie auf eine kleine Insel.

Hier herrschten kein prunkvolles Schloss und keine ausgefeilte Verwaltung. Tatsächlich gibt es hier kaum Regierungsstrukturen. Denn das Motto hier lautet: Weniger ist mehr.

Die Bewohner dieser Insel lebten im Einklang mit der Natur und den minimalen Ressourcen, die sie zur Verfügung hatten. Sie waren verantwortungsbewusst und kümmerten sich selbst um ihre Angelegenheiten und geben damit ein Beispiel für einen erfolgreichen minimalistischen Staat.

Stellen wir uns einmal vor, dass jeder Staat wie diese Insel funktionieren würde. Die Gesellschaft wäre viel organischer, denn jeder würde in seiner Umgebung seinen Platz finden können. Gleichzeitig gäbe es keinen übertriebenen Konsum oder Wirtschaftswachstum.

Ein minimalistischer Staat nach dem Vorbild der Insel könnte Folgendes ausmachen:

- Ein vereinfachtes politisches System ohne Hierarchien.
- Keine oder kaum Steuern und keine Begünstigungen einzelner Gruppen.
- Wenig bis gar keine Regulierungen in Bezug auf den Markt.

- Eine klare Definition von Grundrechten aller Bürger.

Ein solcher minimalistischer Staat wäre darauf fokussiert, einzusparen wo möglich und idealerweise in der Lage, sozial verantwortungsbewusste Entscheidungen zu treffen.

Das Land funktioniert genau so, weil die dort lebenden Menschen eine starke Gemeinschaft bilden und sich füreinander einsetzen - ohne Hierarchien und unnötige Regeln.

Wir haben von dieser Insel viel gelernt und wer weiß: Vielleicht ist ein minimalistischer Staat ja zunächst nicht so utopisch, wie wir vielleicht dachten.

Voraussetzung allerdings wäre, das jeder Bürger weniger egoistisch und dafür empathischer mit seinen Mitmenschen und der Umwelt umgehen würde - ohne dabei das Gefühl zu haben, auf etwas verzichten und sich ständig mit anderen vergleichen zu müssen. Korruption, Vorteilnahme und Neid müssten der Vergangenheit angehören - ein Ding der Unmöglichkeit für heute lebende Menschen. Insofern wird ein solcher Staat wohl eine Utopie bleiben.

Minimalismus als Lebensstil mit Zukunft?

Ein Leben ohne klimatisierte Großraumbüros, Shopping Malls oder unsinnigen Konsum - das ist der Traum vieler Menschen, die nach einem bewussten und erfüllten Leben suchen. Der Minimalismus als Lebensstil hat in den letzten Jahren immer mehr Anhänger gefunden und wird als ein Weg aus dem Hamsterrad des Überkonsums gepriesen.

Doch ist Minimalismus wirklich die Lösung für alles? Gibt es Alternativen dazu, um eine nachhaltige und erfüllte Zukunft zu gestalten?

Emily, eine junge Frau Mitte 30, hatte genau diese Fragen im Kopf. Sie war beruflich erfolgreich, aber unzufrieden mit ihrem hektischen Alltag voller Stress und Konsumzwängen. Eines Tages beschloss sie, ihr Leben komplett umzukrempeln und sich dem Minimalismus-Prinzip anzuschließen.

Zunächst verkaufte sie all ihre unnötigen Sachen wie Kleidung, Bücher oder alte Möbel über Online-Marktplätze. Auch auf Freizeitaktivitäten wie Kinoabende oder Restaurantbesuche verzichtete sie fortan zugunsten von gemeinsamen Wanderungen und Picknicks mit ihren Freunden. Emily spürte schnell den Gewinn an Zeit und Freiheit sowie eine neue Achtsamkeit gegenüber ihrem Körper und Geist.

Doch irgendwann stellte sich bei Emily Unbehagen ein. War ihr minimalistischer Lebensstil tatsächlich so nachhaltig? Oder ist sie vielleicht einfach nur konsequent Marketingtrends ihrer Generation gefolgt?

Sie begann darüber nachzudenken: Wäre es nicht besser gewesen, teurere aber biologische Kleidung zu kaufen oder ein teures Gerät anzuschaffen, das länger hält als drei billige? Was wäre, wenn sie durch ihren Lebensstil Arbeitsplätze gefährden würde oder der Wirtschaft schaden würde?

Emily beschloss, sich auf eine Recherche zu begeben und Antworten auf ihre Fragen zu finden. Sie stieß auf Studien, die zeigten, dass Minimalismus in vielen Fällen tatsächlich ökonomisch profitabel sein kann - aber nicht immer klimafreundlicher ist als der gewöhnliche Konsum.

Auch alternative Ansätze wie Upcycling waren für Emily von Interesse. Nach einem einschneidenden Erlebnis in ihrem Freundeskreis überlegte sie zum Beispiel, aus gebrauchten Materialien selbst Kleidung herzustellen anstatt neu zu kaufen.

Hinterfragend und neugierig geworden beschäftigte sich Emily weiterhin mit dem Thema Minimalismus und fand schließlich ihre eigene Antwort: Anstatt komplett verzichten zu wollen, sollten wir bewusster konsumieren und prüfen, ob uns ein Produkt wirklich einen Mehrwert bringt oder nur kurzfristiges Glück vermittelt. Wir sollten uns Zeit nehmen, um herauszufinden, welcher Stil am besten unserem Leben entspricht und unser eigenes Konzept nachhaltigen Lebens entwickeln.

Mit diesem neuen Lebenskonzept kehrte auch bei Emily ein gewisses Glück ins Leben zurück. Sie investierte ihr Geld gezielter in hochwertiges Equipment für Wanderungen oder Fitnessaktivitäten sowie Bioprodukte im Supermarkt. Zugegebenermaßen kaufte sie sich auch ab und an mal wieder neue Bücher - aber nicht mehr wahllos, was grade Trend war. Stattdessen wählte sie aus, wonach ihr wirklich der Sinn stand.

Emily hatte verstanden: Minimalismus als Lebensstil mit Zukunft ist schön - aber nur, wenn es zu unserem Leben passt und wir uns nicht selbst begrenzen.